24
23
22
21

# 24 jolies histoires de Noël

*Histoires d'Anne-Sophie Plat*
*Illustrations de Katya Longhi*

FLEURUS

Direction générale : Guillaume Pô • Direction éditoriale : Sarah Malherbe • Édition : Anna Guével assistée de Julie Courgnaud • Conception graphique : Mathilde Dufau • Direction de Fabrication : Thierry Dubus • Fabrication : Audrey Bord
 • 57, rue Gaston Tessier, 75019 Paris • ISBN : 9782215184881 • MDS : FS84881
 • « Loi n° 49-956 du 16 juillet 1949 sur les publications destinées à la jeunesse, modifiée par la loi n° 2011-525 du 17 mai 2011. »

24
jolies histoires
de Noël
FLEURUS

# Sommaire

décembre 1

# Une rencontre surprenante

Eh oui, c'est moi, le chat de la maison.

Je ronronne la journée quand tout le monde est parti, mais je veille la nuit pour chasser les souris !

L'histoire que je vais vous raconter s'est passée la nuit de Noël, celle où les enfants rêvent de leurs cadeaux et moi, comme toujours, de croquettes.

Cette nuit-là, il s'est produit quelque chose de spécial...

J'étais couché sur mon petit coussin bien moelleux près de la cheminée.

Soudain, un gros bruit me fit sursauter.

Je me suis dit : « Ça ne peut pas être les souris, elles sont très discrètes. »

Je me suis caché derrière le canapé.

Et là, j'ai vu un drôle de monsieur...

– Qui êtes-vous et que faites-vous ici ?

– Chuttttt, ne faites surtout pas de bruit, personne ne doit savoir que je suis là.

– Mais pourquoi ?

– Parce que je suis le Père Noël.

– Je sais qui est le Père Noël et vous ne lui ressemblez pas vraiment. Lui, il a un gros bidon et vous, je vous trouve un peu maigrichon.

– J'ai fait un petit régime pour passer par les cheminées.

– De toute façon, le Père Noël est déjà passé.

– Ah oui ? Pourtant, je ne vois aucun cadeau.
– Bien joué, vous n'êtes pas tombé dans le panneau ! Mais si vous êtes le Père Noël, que m'avez-vous apporté ?
– As-tu fait une liste ?
– Non, il paraît que le Père Noël sait tout.
– Effectivement... Tu t'appelles Moustache et tu adores chasser les souris.
Ce que tu préfères par-dessus tout, ce sont les petites gratouilles dans le cou.
Bon, je suis un peu pressé, je dois déposer les cadeaux maintenant. Mais, avant de partir, laisse-moi te raconter ma tournée.
Moustache l'écoute attentivement et, au bout de cinq histoires de cheminée, s'assoupit.
Quand il se réveille, il ne voit plus le Père Noël et se met à le chercher.
Mais où est-il passé ?
En passant près de sa gamelle, il remarque des croquettes...
– C'était bien le Père Noël, je n'ai pas donc pas rêvé. En tout cas, avec moi, le secret sera bien gardé...

# Le Père Noël s'ennuie

– Je m'ennuie, se plaint le Père Noël. Je ne sais plus quoi faire entre Noël et Noël.

– Pourquoi tu ne vas pas jardiner ? propose la Mère Noël.

– Oh, je n'ai pas envie.

– Ou alors, va à l'atelier préparer de nouveaux jouets ?

– Mais je n'ai pas assez de commandes.

– Si tu veux t'occuper, va aider les gens qui travaillent !

– Merci ma chérie, c'est une idée géniale ! Alors, qu'est-ce que je pourrais faire… J'ai trouvé ! Je vais aller distribuer le courrier, je connais toutes les adresses du monde entier.

Un nouveau manteau, des baskets et une casquette pour passer incognito.

– Bonjour, monsieur le facteur, j'aimerais vous aider à distribuer le courrier.

– Prenez ce gros sac, la tournée a déjà commencé, et attention à bien lire l'adresse indiquée !

– Aucun problème, c'est une formalité.

Au fond de lui, le Père Noël rigole. « S'il savait qui je suis ! »
Une heure plus tard, le Père Noël est de retour.
– Vous avez déjà terminé ?
– Oui, c'était super facile, je suis passé par la cheminée.
– Comment ça, par la cheminée ? Mais les lettres se déposent dans les boîtes aux lettres ! Excusez-moi mais je ne vais pas pouvoir vous garder.
« Je vais aider quelqu'un d'autre, pense le Père Noël. Tout à l'heure, j'ai vu une annonce devant une pizzeria : "Ici, on cherche un livreur". »
– Bonjour, monsieur, je viens pour l'annonce.
– Ah, bonjour, mais je vous connais, vous êtes...
– ... le nouveau livreur de pizzas !
– Super ! Prenez celles-ci, les clients sont très pressés aujourd'hui.
– C'est comme si c'était fait.
Les livraisons s'enchaînent, mais les pizzas arrivent froides et le patron entend les gens qui râlent.

– Les clients ne sont pas contents, quand ils mordent dans les pizzas ils se cassent les dents.
– Je suis désolé, c'est à cause de l'altitude, car je livre en traîneau.
– Mais, vous n'avez pas de vélo ? On n'est pas au ski ici !
Le Père Noël, rembruni, décide de rentrer chez lui.
La Mère Noël l'attend avec un chocolat chaud.
– Alors cette journée, mon chéri ?
– Je crois que je préfère m'ennuyer ici.
– Tiens, tu as reçu un colis.
« Bonjour, Père Noël, voici un petit cadeau, je me suis dit que tu devais t'ennuyer, alors peut-être que tu auras envie d'apprendre à tricoter ? »
– Ah, c'est sûr qu'avec ça, mon chéri, tu vas être bien occupé ! Allez viens, on s'y met ! Une maille à l'endroit, une maille à l'envers...

décembre 3

# Le petit Noël

Le papa et la maman du Père Noël avaient beaucoup d'enfants, plus de cent !
Tous les jours, c'était la course entre les couches, les repas, les douches...
Ils ne s'ennuyaient pas.
Parmi tous leurs enfants, il y en avait un qui était différent : il s'appelait Noël.
Bébé, il offrait ses plus beaux sourires.
À trois ans, il offrait les trésors de sa petite boîte : une jolie fleur séchée, un petit caillou, des coquillages...
Il faisait même des cadeaux aux animaux : des noisettes pour les écureuils, des miettes de pain pour les oiseaux...
Un peu plus grand, il offrait des cadeaux qu'il avait lui-même fabriqués.
Tout le monde était gâté : ses frères, ses sœurs, ses voisins et, évidemment, ses parents.
Un jour, son père se demanda :
– Mais qu'allons-nous faire de tout ça ?
Et c'est ainsi qu'une pièce fut construite, pour que tous les cadeaux soient rangés.
À l'école c'était la même chose...

– Mais que fabriques-tu encore ? lui demandait la maîtresse.

– Tenez, maîtresse, c'est pour vous !

Et les cadeaux scintillaient et s'empilaient sur les étagères de la classe, puis de toute l'école.

Dans la cour de récré, c'était pareil, ses copains faisaient même la queue pour avoir un cadeau.

Comme la fabrication prenait parfois un peu de temps, ils commencèrent à lui écrire des listes de souhaits.

Le directeur de l'école finit par le convoquer dans son bureau :
– Noël, nous te remercions pour tous tes cadeaux mais, tu vois, nous ne savons plus où les ranger, il va falloir arrêter.
– Je sais, il n'y a plus beaucoup de place, mais j'aimerais offrir des cadeaux aux gens du monde entier... C'est pourquoi j'ai une idée : je veux être Père Noël !
Aujourd'hui, grands et petits savent que le petit Noël a tenu sa promesse !

# Ma vie de sapin

Génial ! ça va ouvrir...

Pardon, pardon... une place, une petite place... Mais poussez-vous, je ne vois rien !

Ahhhh, c'est bon, je suis devant... Aujourd'hui, c'est sûr, je vais être choisi.

Je suis beau, je suis vert et, en plus, je sens bon.

Mes racines sont dans un joli pot, comme ça, on peut me garder ou me replanter.

Parce que les sapins sans pied, c'est dépassé ! Maintenant, il faut savoir se recycler.

J'aimerais bien être choisi par un grand magasin. Je serais comme une star, décoré avec goût, avec toutes les lumières braquées sur moi. Ou alors par une école.

Les enfants m'adorent. Ils me dessinent pendant un mois, je suis le roi.

J'ai tellement hâte d'être habillé. C'est ça la vie de sapin : être bien décoré et briller !

Ah, ça y est, on me regarde.

Vite, je me redresse. Il faut que je sois présentable.

Hé ho ! Coucou, je suis làààààààà ! C'est moi, ton sapin de Noël !
Hé ! mais reviens ! Ne t'en va pas...
Bon lui, c'est raté, il a pris le plus grand sapin du magasin.
Ah, la famille qui arrive a l'air sympa. En plus, le papa est costaud, il pourra facilement me porter sur son dos.
C'est loupé, il a choisi mon voisin... Finalement il n'est pas si musclé !
Je suis un peu triste. Je sais pourquoi personne ne me choisit : je suis trop petit.

Pourtant, c'est bien un petit sapin, ça se met dans un petit coin.
Les lumières s'éteignent, la boutique va bientôt fermer...
Attendez ! Quelqu'un toque à la porte d'entrée.
Vite, allez lui ouvrir. Une dame cherche un petit sapin.
Mais c'est moi ! Je suis le sapin de la situation.
Je suis làààààààààà !
Je dois vraiment être tout petit, parce qu'elle semble ne pas m'avoir vu.
– Voilà madame, bonne soirée...
Hannnnnn ! Je n'en crois pas mes épines, la petite dame m'a choisi !

Dehors, c'est magnifique… Toutes les lumières… Ça sent vraiment Noël…
Ça y est, j'ai l'impression qu'on est près de sa maison.
Mais il fait tout noir, ce n'est même pas décoré. Pas une guirlande, rien, *nada*.
On traverse un long couloir.
Oh non, elle va me mettre à la cave, elle pense que je suis en plastique !
Elle ouvre une porte.
Il y a de la lumière…

– Regardez tout le monde ! Je l'ai trouvé ! Venez, il faut le décorer, la répétition va commencer.
Mais qu'est-ce qui se passe ?
Ah, il y a une affiche…
Mais c'est moi ! Je suis au centre de la scène et j'ai le rôle principal.
Moi qui voulais briller, me voilà gâté.
Comme quoi, une petite dame et un petit sapin, ça fait des étincelles pour Noël.
Et en plus, j'ai cru comprendre qu'elle avait un jardin chez elle…

décembre 5

# Une super surprise !

Tous les ans au village du Père Noël, une surprise est organisée.
Il y a déjà eu une nuit dans un igloo, une journée sculpture sur glace, un atelier pâtisserie avec de la poudre de neige, un concours de loopings en traîneau...
Mais cette fois-ci c'est différent, le Père Noël voit les choses en grand.
Pour remercier les lutins, il a pensé à quelque chose d'extraordinaire.
Cette année, ils ne sont pas près de l'oublier.
Au centre du village, le Père Noël a installé un grand tissu noir pour que personne ne puisse rien voir.
Un lutin essaye de l'espionner mais ne trouve ni fissure, ni petit trou pour regarder.
Il demande :
– Père Noël, vous préparez un spectacle de magie ?
– Mieux que ça, mon petit ! Patience, c'est presque fini !

Quand les lutins dorment, le Père Noël fait des allers-retours en toute discrétion.
Il apporte une grande table et des assiettes en carton.
Un autre soir, il rapporte du bois en grande quantité.
Personne ne se doute de rien, mais tous imaginent une surprise merveilleuse : un concert, une nouvelle patinoire, un atelier de funambules, un parc d'attractions...
Mais que fabrique-t-il ?
Le jour de la surprise, les lutins sont excités.
Le Père Noël fait une annonce :
– Mes petits lutins, je vous donne rendez-vous ce soir, au coucher du soleil. Prenez avec vous vos chaussons et vos bonnets.

À la tombée de la nuit, les lutins arrivent équipés.
Le Père Noël fait tomber le rideau noir. Les lutins sont étonnés.
Un écran géant est installé.
La Mère Noël tend à chacun une assiette de marshmallows à faire griller au coin du feu...
– On va regarder un dessin animé ? demande un lutin.
Soudain, le Père Noël fait son entrée sur scène comme une super star :
– Au programme de ce soir : séance de ciné avec un film que j'ai réalisé. J'espère que vous allez aimer.
Installés confortablement, les lutins découvrent les premières images... Ils sont émus !
Le Père Noël leur a offert un magnifique cadeau, mieux qu'un livre personnalisé : un film souvenir de toutes les tournées qu'ils ont partagées.

# L'anniversaire

Ce matin, en ouvrant le sac du courrier, les lutins ont découvert une drôle de lettre :

***Chers lutins,***

***Je m'appelle Jun, j'ai six ans.***

***J'aimerais offrir un cadeau au Père Noël pour son anniversaire.***

***J'en ai parlé avec mes meilleurs copains Samir et Lucas, papi et mamie et même avec la maîtresse... mais personne ne connaît son âge et sa date d'anniversaire.***

***Samir et Lucas pensent, comme moi, que le Père Noël est très vieux : plus de mille ans !***

***Chers lutins, pouvez-vous m'aider ?***

***Bisous.***

***Jun***

Les lutins, tout chamboulés, réalisent qu'ils ne connaissent même pas la date d'anniversaire du Père Noël.

Ils vont essayer de mener l'enquête, pour aider Jun à lui offrir un super cadeau !

Ils vont d'abord demander aux rennes :

– Connaissez-vous la date d'anniversaire du Père Noël ?

– Évidemment ! C'est le 24, le jour de la distribution des cadeaux, il a toujours des petits bonbons et des gâteaux, et parfois même un gentil petit mot.

– Et savez-vous ce qu'il aimerait recevoir comme cadeau ?

– C'est facile, un nouveau plaid pour son traîneau.

– Merci pour votre aide, nous allons continuer à chercher.

Ils vont ensuite voir la Mère Noël.

– Connaissez-vous la date d'anniversaire du Père Noël ?

– Ah, je ne sais pas... À mon avis, c'est tous les jours son anniversaire, parce que je lui prépare de bons petits plats à chaque repas !

– Et savez-vous ce qu'il aimerait recevoir comme cadeau ?

– Bah voyons, un gros gâteau !

– Merci pour votre aide, nous allons continuer à chercher.

Les lutins s'adressent au chat de la maison :

– Connais-tu la date d'anniversaire du Père Noël ?

– Bien sûr que oui ! C'est le 25 décembre, quand il rentre de sa tournée et me prend dans ses bras pour me faire des papouilles.

– Et sais-tu ce qu'il aimerait recevoir comme cadeau ?

– Il n'a besoin de rien, il n'en veut pas, puisque je suis là ! Vous n'avez pas compris, je suis son petit chat chéri !

Les lutins ne sont pas satisfaits. Ni les rennes, ni la Mère Noël, et surtout pas le chat, ont la réponse pour faire une belle surprise au Père Noël.

Ils ont alors une idée...

Ils écrivent à Jun une lettre qui contient un secret.

***Cher Jun,***

***Ta lettre est drôlement gentille, le Père Noël sera heureux de recevoir un cadeau pour son anniversaire.***

***Voici ce que tu peux faire (...)***

***Les lutins***

En lisant la réponse, Jun est tout content.

Il envoie un tout petit cadeau : une graine de sapin. Mais pas n'importe laquelle, une graine magique...

À la première pousse, une seule fois dans l'année, quand le Père Noël tapera trois fois dans ses mains, une super fête d'anniversaire sera organisée...

décembre
7

# L'arbre à souhaits

Ce matin, la directrice de l'école est venue dans notre classe.

– Bonjour, les enfants. Comme vous l'avez remarqué, nous avons reçu notre sapin. Et comme beaucoup d'entre vous me l'ont dit, il n'est pas décoré ! Eh bien, c'est fait exprès ! Cette année, nous allons faire un arbre à souhaits. J'ai récupéré toutes les chutes de papier. Je les ai découpées de la même taille, j'ai fait un petit trou, mis une petite ficelle et je les ai pliées. Ces petits papiers de toutes les couleurs seront nos boules de Noël sur lesquelles vous inscrirez vos souhaits, vos rêves, soit en les dessinant, soit en les écrivant.

– Génial ! dit Tania. Je sais ce que je vais écrire !

– C'est quoi ?

– Je ne te dis pas.

– Alleez, dis-moi…

– Non ! Je n'ai pas envie que tu me copies !

En début d'après-midi, la directrice arrive avec les petits papiers colorés, la ficelle rouge et la ficelle dorée.
Dans la classe, tout le monde s'applique.
Un vœu, c'est important, on a envie qu'il se réalise…
Lucie souhaite se marier avec le Père Noël, pour avoir des cadeaux toute l'année !
Ninon rêve de voyager dans une fusée.
Alexandre espère que ses parents deviendront d'excellents cuisiniers.
Eva désire manger une glace tous les jours au petit déjeuner.
Et moi, je souhaite avoir une piscine dans ma maison !

Mais qu'a donc écrit Tania ? J'aimerais bien le savoir...
En tout cas, j'ai remarqué que son papier est bleu foncé...
L'un après l'autre, nous sommes allés accrocher nos souhaits sur une des branches du sapin.
Quand mon tour est venu de suspendre mon petit papier, je me suis débrouillée pour l'installer à côté du sien.
Et devinez ce que j'ai découvert, sans faire exprès bien sûr...
Mais chut... ça, c'est son secret !

# Allô, Père Noël ?

Dans mon magazine spécial Noël, j'ai trouvé plein de choses intéressantes : des guirlandes à fabriquer, une étoile à accrocher et, surtout, un numéro de téléphone bien particulier.

– Maman, regarde, il y a le numéro du Père Noël ! J'aimerais bien l'appeler pour lui demander quelque chose de très important et savoir s'il a bien reçu ma lettre...

Maman compose le numéro.

Ça sonne.

– Allô, Père Noël ?

– En raison d'un très grand nombre d'appels, le Père Noël ne peut pas vous répondre pour le moment, merci de le rappeler plus tard.

Et Titouan essaye encore, encore, même plusieurs fois d'affilée...

Chez le Père Noël, le téléphone n'arrête pas de sonner, c'est à peine s'il a le temps de raccrocher.

Il entend des mots gentils, on l'informe de changements d'adresses ou d'erreurs de commandes. On lui dit de très belles promesses et, le plus souvent, des petits secrets...
Le Père Noël prend bonne note de tout ce qu'on lui confie, dans son petit carnet.
Dans la soirée, un lutin lui apporte un papier.
– Père Noël, voici la liste des enfants qui ont essayé de vous appeler aujourd'hui. Regardez, ce numéro apparaît dix fois, c'est celui de la maman de Titouan.

– Nom d'un renne, je rappelle tout de suite, c'est sûrement très urgent ! Allô, Titouan ? Bonjour, c'est le Père Noël ! J'ai vu que tu avais essayé de m'appeler.
– Oh, Père Noël, je suis super content de t'entendre. J'ai plein de choses à te dire. D'abord : est-ce que tu as bien reçu ma lettre ?

– **Oui, je l'ai sous les yeux.** Et je te remercie pour le beau portrait que tu m'as fait, c'est très ressemblant !

– Il faut que je te dise un secret : hier, j'ai mangé les deux sucettes de ma sœur, celles qui étaient cachées dans sa bibliothèque. Je regrette vraiment et, promis, je ne recommencerai plus... Mais comme elle va être très triste, est-ce que tu pourras lui en apporter pour Noël ? S'il te plaît, il faut que tu m'aides...

– Très bien, Titouan, je vais demander au lutin cuistot de préparer un joli paquet-cadeau avec plein de sucettes aux fruits et au chocolat.

– Merci, Père Noël. T'es super gentil. Bonne nuit.

– Bonne nuit, Titouan.

Le Père Noël raccroche et note dans son petit carnet : « Titouan : bêtise avouée et pardonnée, apporter des sucettes pour sa sœur. »

# Le calendrier

Émile trépigne devant la porte d'entrée.
Sa maman va arriver avec un calendrier.
Un calendrier de l'Avent.
Il entend la clef dans la porte, il saute dans ses bras en criant :
– MAMAN !
Elle pose tous ses paquets.
– Alors ? T'as trouvé ?
– Oui, je l'ai.
Émile, tout content, découvre le calendrier...
– Mais... c'est pas le bon. Je voulais le même que Géraud !
– Tu sais, mon chéri, le monsieur m'a dit que c'est un calendrier spécial...
– Mais, Géraud, lui, il a celui avec les maisons à construire ! Il est nul ce calendrier ! Je l'aime pas !

Et Émile part dans sa chambre avec son nounours sous le bras.

– C'est pas juste, Géraud il a un super calendrier et le mien, il est moche !

Tous les matins, c'est la même rengaine : il ouvre une case et découvre une drôle d'ampoule collée.

– Mais, qu'est-ce que c'est ? Ça ne se mange même pas…

Décidément, Émile ne comprend rien à ce calendrier.

– Maman, je crois qu'il t'a dit n'importe quoi le monsieur du magasin.

– Ah mais, je l'ai acheté sur le marché de Noël ; une petite cabane avec un vieux monsieur. Et tu sais ce qu'il m'a dit : « Votre petit garçon va trouver ce calendrier magique, faites-moi confiance… » Alors je lui ai demandé : « Comment savez-vous que j'ai un garçon ? » Il m'a fait un clin d'œil, a tourné le dos et s'est servi une tasse de chocolat chaud.

Pour la dernière case, Émile imagine plein de choses : normalement, dans le calendrier, c'est le jour du plus beau cadeau.
Il l'ouvre et découvre un gros bouton !
Dessus est écrit : « Merci de faire un souhait et d'appuyer. »
Alors Émile ferme très fort ses yeux et fait un vœu (je ne vous dirai pas ce que c'est, on ne dit pas les vœux).
Il appuie sur le bouton, et le calendrier scintille : du vert, du rouge, du rose, du bleu… Émile n'en croit pas ses yeux.
Un petit sapin avec une guirlande colorée s'est illuminé. Et un cadeau apparaît.
– Merci, maman ! C'est le meilleur calendrier que j'ai jamais eu.
L'année prochaine, tu iras voir le même monsieur, promis ?
Le lendemain, dans un de ses souliers, Émile découvre un petit mot :
« J'espère que le calendrier t'a plu… Le Père Noël »

# Le remplaçant

Le Père Noël se faufile discrètement, il a une chose très importante à faire...
Il va dans un endroit secret, que lui seul connaît, derrière sa cheminée.
Depuis des heures, tout le monde le cherche partout.
– Où est passé le Père Noël ?
– Il a peut-être disparu... C'est une catastrophe ! Qui fera la tournée ?
La Mère Noël et les lutins décident de passer une petite annonce, par sécurité...
« Nous recherchons toute personne disponible le 24 décembre pour distribuer les cadeaux ! Merci de vous présenter au plus vite pour le poste de Père Noël. »
Quelques heures plus tard, la petite souris sonne à la porte.
– Bonjour, je viens pour le poste.
– Le poste ?
– Oui, de Père Noël !
La Mère Noël, très surprise, la fait entrer :
– Nous allons devoir faire quelques essais !
La petite souris enfile un costume et dit :

– C'est bon, je suis prête.
Un lutin lui tend la hotte, mais elle ne réussit pas à la porter.
– Oh, je ne pensais pas que c'était aussi lourd.
– Oui, il y a beaucoup de cadeaux.
– J'aurais tant aimé les distribuer, pour changer un peu des dents de lait.
– Je comprends, mais nous n'allons pas pouvoir vous garder, vous m'en voyez navrée.
Et la petite souris s'en va, dépitée.
Un peu plus tard, la fée Carabosse sonne. La Mère Noël lui ouvre :
– Désolée, la place vient d'être prise !
– Ah bon ? Mais par qui ?
– Je ne peux pas vous le dire !
Et la Mère Noël claque la porte. Une sorcière qui distribue les cadeaux, c'est de la folie !
Hors de question qu'elle jette des sorts toute la nuit.
Un drôle de monsieur sonne à son tour.
– Je vous reconnais ! dit la Mère Noël.
– Chut ! Ne dites rien... Je suis ici incognito !
Au départ, tout se passe bien. Le costume lui va comme un gant, il dépose les cadeaux à toute vitesse, et imite le « ho, ho, ho » parfaitement.
Mais, en s'installant dans le traîneau, il s'endort.
Les lutins le secouent :

– Monsieur, réveillez-vous !

Il se lève en sursaut :

– Je vais devoir vous laisser, car je dois, moi aussi, faire une tournée.

Il descend du traîneau, laissant quelques grains de sable à ses pieds.

La Mère Noël dit :

– Le temps presse. Tant pis, c'est moi qui distribuerai les cadeaux. Je connais tous les raccourcis et les cheminées de tous les pays.

Elle entend quelqu'un arriver derrière elle :

– Ma chérie, je suis làààà !

– Mais où étais-tu ? On t'a cherché partout !

– J'étais parti te préparer un cadeau pour notre anniversaire de mariage.

Il tend à la Mère Noël une jolie boîte contenant un médaillon avec une vieille photo.

– Oh, mon chéri ! Avec toutes ces visites, j'ai complètement oublié.

– Ces visites ?

– Si tu veux, je te raconte qui a failli te remplacer, autour d'un petit goûter et d'un bon feu de cheminée.

– Volontiers !

décembre

11

# Un courrier particulier

Chaque jour, au petit déjeuner, le Père Noël lit attentivement son courrier.
Et ce matin, pendant qu'il mord dans ses tartines au miel, il entend :
–Hooo ! hisse ! la saucisse ! Hooo ! hisse ! la saucisse… Voici encore un énorme sac de lettres, Père Noël ! Décidément, cette année, les enfants demandent beaucoup de cadeaux ! Regardez comme elle est épaisse, celle-ci !
La lettre se déroule, se déroule… et arrive jusqu'au panier du chat.
Et la liste de cadeaux commence… s'allonge, et s'allonge…
Après avoir terminé sa lecture, le Père Noël dit :
– Je pense qu'aujourd'hui nous allons avoir beaucoup de choses à faire.
–Mais voyons, Père Noël, cette liste est beaucoup trop longue ! Nous n'avons jamais répondu à une telle demande. C'est impossible, les lutins de l'atelier sont déjà débordés !
– Tenez, lisez.

– Ah, oui, c'est un courrier particulier. La lettre part tout de suite à la fabrique de jouets. Après que la lettre a circulé entre toutes les mains, les lutins se mettent immédiatement au travail. La Mère Noël, passant près de l'atelier, remarque beaucoup d'agitation. Elle va voir son mari pour lui poser des questions.

– Que se passe-t-il aujourd'hui ? Pourquoi les lutins courent-ils dans tous les sens ?

– Tiens, lis.

– Effectivement, je comprends mieux maintenant. Ça fait très longtemps que nous n'avons pas reçu un courrier comme celui-ci.

Le chat de la maison, qui les observe du coin de l'œil, veut lui aussi lire cette drôle de lettre. Il chausse ses lunettes et se plonge dans la lecture.

*Cher Père Noël,*
*Je m'appelle Amandine.*
*J'ai été très sage toute l'année, parce que j'ai un paquet de cadeaux à te demander…*
*Une raquette de tennis pour ma maman, une paire de claquettes pour les cours de danse de mon papa, un ballon de basket pour ma sœur, un vieux train électrique pour mon papi René, un déguisement de spationaute pour ma copine Zoé, des colorants alimentaires à paillettes pour les galettes du boulanger, une paire de gants chics pour la fleuriste, un vélo de course pour le postier…*
*Parce que moi, je ne veux aucun cadeau. Je veux juste être comme toi, je veux être Père Noël !*
*Amandine*

# La fabrique de jouets

À la fabrique de jouets, tout est très organisé.
Il y a le coin invention, avec ses lutins qui débordent d'idées.
Le coin fabrication et ses lutins bricolos.
Le coin hors formats ou cadeaux farfelus : piscines à boules, toboggans…
Le coin tout doux où sont fabriqués les doudous.
Il y a aussi le coin paquets-cadeaux, avec sa machine aux mille couleurs de papiers, et ses jolis nœuds pour les emballer.
Mais ce matin, à la fabrique, c'est un peu la panique !
La machine à papier-cadeau ne fonctionne plus.
– Je sais ce qu'il se passe : une feuille de papier étoilé est coincée, c'est déjà arrivé.
– Ce n'est pas ça ! En ce moment, c'est le papier licorne, il a un succès fou.
Les lutins parlent dans tous les sens :
– Il faut changer les piles.

– Mais non, c'est la batterie. Je suis sûr que la prise est débranchée...
Tout le monde y va de sa petite idée... et plus personne n'y comprend rien.
Le Père Noël arrive.
– Que se passe-t-il ?
– La machine à papier-cadeau ne fonctionne plus.
– Ce n'est pas bien grave. On va emballer les cadeaux à la main, comme au bon vieux temps.
– Oh non, Père Noël ! C'est trop long.

– Nous n'avons pas le choix, sinon nous allons prendre du retard.
En fin de journée, le Père Noël est de retour à l'atelier.
– C'est plus calme que tout à l'heure...
Juste à ce moment-là, il entend du bruit.
– Il y a quelqu'un ?
Pas de réponse.
Le bruit recommence.
– Hou, il y a quelqu'un ? Je n'ai pas peur, je suis le Père Noël, tout va bien...

Et le bruit continue.

Il semble venir de la machine.

– Vite, ma caisse à outils.

Tournevis en main, le Père Noël démonte la machine et sursaute...

Une petite famille d'oiseaux est bien au chaud dans son nid.

– Ça alors, c'est une surprise !

Le Père Noël file au coin fabrication et revient avec une jolie petite maison qu'il fixe dans un coin tranquille de l'atelier.

– Comme ça, vous serez bien au calme.

Le lendemain, le Père Noël arrive à l'atelier, un sourire espiègle aux lèvres.

– Quelqu'un a essayé la machine ?

Un lutin appuie sur un gros bouton et comme par magie... la machine... fonctionne...

Il s'écrie :

– Ah, je suis soulagé, elle avait juste besoin d'une journée de repos !

Les lutins sautent de joie.

Fini l'emballage à la main, c'est reparti pour le papier licorne !

décembre
13

# Sans barbe, ni moustache

Le Père Noël sort de sa douche et se regarde dans la glace.
– Cette barbe et cette moustache me vieillissent. Tout ce blanc autour du visage, c'est d'un triste ! Quand les enfants me dessinent, je ressemble à un papi.
Et si je rasais tout ? Ma peau est si douce, tout le monde aura envie de me faire des bisous !
Le Père Noël attrape son rasoir, mais la Mère Noël surgit du couloir et demande, inquiète :
– Hop, hop, hop.... Minute papillon ! Qu'est-ce que tu es en train de faire ?
– Je vais me raser la barbe et la moustache !
– Mon chéri, ta barbe est très jolie. Tu sais bien que les enfants l'adorent.
– Mais, si je la rase, je ferai plus jeune et je serai plus beau !

– Tu attraperas surtout froid quand tu seras sur le traîneau ! Va donc demander aux lutins ce qu'ils en pensent.

Le Père Noël s'habille à toute vitesse et court à la fabrique de jouets.

– Coucou, c'est moi ! J'ai envie de me raser la barbe et la moustache. Qu'en pensez-vous ? Je serais LE nouveau Père Noël !

– Nom d'un bonnet de lutin, vous n'allez pas faire ça ! C'est trop tard, elles n'auront pas le temps de repousser. Il aurait fallu les raser en été !

– Quand je distribue les cadeaux, ça me gêne. Parfois, je les coince dans le traîneau.

– Alors, faites des nattes ou des couettes ! Ça, c'est nouveau ! Allez donc demander aux rennes ce qu'ils en pensent, ils seront sûrement d'accord avec nous !

Quand le Père Noël leur pose la question, les rennes éclatent de rire et trouvent cette idée complètement extravagante.

– Un Père Noël sans barbe ni moustache, ce n'est pas un Père Noël ! C'est comme un sapin sans décorations.

– J'ai envie de changer !

– Habillez-vous en jaune, vous serez le Père Soleil, là, ça va changer !

Et les rennes se remettent à rire. Le Père Noël ne sait plus quoi faire et rentre chez lui. Une fois tranquille, près d'un bon feu de cheminée, il allume la télé :

– Messieurs, cette année, le Père Noël est à la pointe de la mode : laissez pousser barbes et moustaches car c'est le look des fêtes de fin d'année !

– Nom d'une barbe, là, c'est sûr, je ne vais pas les raser !

# Un Noël au soleil

Il n'y a pas longtemps, maman est revenue du travail toute contente. Elle est entrée dans ma chambre avec un bonnet de Père Noël sur la tête :

– J'ai une super bonne nouvelle : nous avons gagné un voyage, nous passons les vacances de Noël au soleil !

J'ai écarquillé les yeux et j'ai répondu :

– Mais c'est une catastrophe, on ne peut pas partir de la maison, le Père Noël ne va jamais nous trouver ! Je n'aurai pas de cadeaux et tout va être gâché ! Et puis, le soleil, c'est l'été ! Vous n'avez qu'à partir sans moi, je resterai avec le chat !

– Mais enfin, Lilou, on fête Noël en famille ! Ces vacances vont être super, nous irons nous baigner tous les jours. Ne t'inquiète pas pour les cadeaux, le Père Noël saura nous trouver.

– Mais où est-ce qu'on va ?

– Sur l'île de La Réunion.

Lilou regarde sur son planisphère.

– Une île, mais c'est tout petit !

– Ça suffit, Lilou. Nous partirons tous ensemble, un point c'est tout !

Maman est sortie de ma chambre et je n'étais vraiment pas contente : pourquoi elle n'a pas gagné un voyage au ski ? À la montagne, il y a tout ce qu'il faut pour bien fêter Noël : la neige, les cheminées, les sapins, et le Père Noël connaît bien.

Le jour du départ, j'ai fait la tête.

Dans l'avion, j'ai fait la tête, sauf quand j'ai regardé les dessins animés.

Arrivée là-bas, je faisais encore la tête. En vrai, j'étais un peu triste.

Sur la plage, j'ai vu d'autres enfants. Je suis allée leur poser des questions :

– Vous n'avez pas de sapins ici ?

– Non, on a des palmiers.

– Alors là, c'est sûr, ce sera un Noël raté.

– Comment ça, raté ? Bien sûr que non, toutes les familles sont réunies pour partager de bons moments. Et puis, le Père Noël nous apporte des cadeaux car son traîneau peut atterrir sur l'eau.

– Mais pourquoi les palmiers ne sont pas décorés ?
– Ah, ne t'inquiète pas, tu auras une belle surprise quand le soleil sera couché.
Avec mes parents, nous sommes restés sur la plage pour voir le coucher du soleil.
C'était vraiment très beau.
À la nuit tombée, toutes les maisons étaient illuminées.
Des guirlandes colorées clignotaient dans tous les sens et entouraient les palmiers.
J'avais l'impression d'être au village du Père Noël, mais avec les pieds sur le sable chaud.
Je sens que ces vacances au soleil vont être extraordinaires.
Si ça se trouve, le Père Noël va échanger ses rennes et son traîneau contre des dauphins et un bateau…
En tout cas, attendre le Père Noël les pieds dans l'eau, c'est vraiment très rigolo !

– Ah non, vous ne lui ressemblez pas du tout. Je suis navré, vous allez devoir partir, nos invités vont bientôt arriver.

Et le lutin lui claque la porte au nez.

Le Père Noël n'en croit pas sa barbe, il rentre vite chez lui pour se changer.

La Mère Noël arrive à son tour au restaurant.

– Bonsoir, madame, le Père Noël n'est pas encore là, suivez-moi, je vous accompagne à votre table.

Entre-temps, le Père Noël arrive, il pousse la porte et… découvre sa femme tout en beauté.

Quand elle l'aperçoit, elle lui dit :

– Alors, mon chéri, tu n'as pas eu le temps de te changer ?

Le Père Noël répond, tout penaud :

– Je m'étais fait tout beau mais le lutin ne m'a pas reconnu et m'a refusé l'entrée.

– Ce n'est pas grave, mon chéri, je t'aime comme tu es. Allons, commençons le dîner, nous allons nous régaler !

décembre 16

# Le secret du traîneau

– Zut, zut et re-zut. Il manque trois gouttes !

– Qu'est-ce que vous faites, Père Noël ? demande un lutin, curieux.

– Je vérifie le traîneau.

– Ça fait longtemps que j'ai envie de vous poser une question : comment se fait-il que votre traîneau soit le seul à voler dans le ciel ?

– Oh, c'est un secret de famille, mon petit ! Je ne peux pas le dévoiler ! Et puis vous en savez beaucoup sur moi : les cadeaux, les rennes, c'est déjà bien assez.

– Si jamais vous aviez envie de vous confier, sachez que je saurai garder le secret, répond le lutin en s'éloignant.

– Bon, il faut vite que je contacte Dame Nature, elle seule peut m'aider. Mais où ai-je rangé notre flocon de communication ? Ça fait longtemps que je ne l'ai pas utilisé… Ah, je l'ai trouvé ! Petit flocon, écoute ce que je vais te chuchoter : pish pish push, chchchchuchi…

Et le petit flocon s'envole, dans un pays lointain dont lui seul connaît le chemin. Quand il arrive chez Dame Nature…

– Ah, te voilà enfin ! Je me demandais quand ce bon vieux Père Noël allait me contacter. Je me doutais que ça n'allait pas tarder. J'enfile mes souliers en herbe, mon chapeau fleuri et mon manteau d'hiver. C'est parti, ça fait bien longtemps que je ne suis pas allée chez lui.

Quand elle arrive, elle aperçoit un habit rouge qu'elle reconnaît immédiatement.

– Bonjour, Père Noël. Dis donc, tu n'as pas pris une ride en cent ans !

– Oh, c'est gentil, mais j'ai un petit peu grossi !

– Avec l'âge, c'est normal. Que veux-tu, moi aussi j'ai pris des rondeurs, mais je les cache avec des accessoires naturels : quelques feuillages, et le tour est joué ! Tiens, je t'ai apporté ce qu'il te faut.

Dame Nature tend une petite fiole au Père Noël.

– Tu te souviens, une goutte à chaque coin du traîneau et, avec ça, il s'envolera dans le ciel.

– Oui, tu me le dis à chaque fois !

– Avec l'âge, je me répète ! En tout cas, tu es tranquille pour un bon moment, au moins deux cents ans ! Allez, j'y vais, je te rends notre flocon de communication. Ça m'a fait très plaisir de te revoir, Père Noël.

Et Dame Nature s'en va, en laissant derrière elle des perce-neiges dans ses pas.

# Le test des cheminées

– Oh ! là, là ! Aujourd'hui, je ne dois absolument pas être en retard ! Je passe le test des cheminées. En plus, je suis chronométré. Et je sens que j'ai un peu grossi... Avec la Mère Noël, nous avons déniché des petits restaurants très sympas dernièrement. Je n'arrive plus à fermer le bouton de mon pantalon. J'espère que les lutins ne vont pas le remarquer. Bon, je ne suis pas prêt, mais j'y vais !

Dans la forêt, les lutins guettent l'arrivée du Père Noël.

– Dites donc, Père Noël, j'ai l'impression que vous avez aimé les nouveaux parfums des bûches... Enfin, nous allons commencer le test. Vous vous souvenez, comme chaque année, vous devez passer par les trois cheminées le plus rapidement possible.

– Oui, oui, je me souviens !

Le Père Noël prend sa hotte, y glisse de faux cadeaux et attend le top départ.

– Père Noël, vous êtes prêt ? Trois, deux, un, partez !

Le Père Noël descend dans la première cheminée, la plus large.

Il doit atteindre les chaussettes et les petits souliers bien alignés.
Le Père Noël réussit le test haut la main.
Pour la deuxième cheminée, ça se complique, car elle est plus étroite.
Le Père Noël force un peu et finit par descendre. Mais pour remonter, c'est une tout autre histoire : les lutins lui lancent une corde pour le hisser.
Alors, pour la troisième, catastrophe ! Le Père Noël ne réussit qu'à passer les pieds.
– Mais enfin, Père Noël, ce n'est pas possible... Que s'est-il passé ?
– Je suis sûr que les cheminées ont rétréci ! C'est tout !
– Vous n'êtes pas sérieux, Père Noël !

– Bon, d'accord : avec la Mère Noël, nous avons dégusté quelques petites gourmandises.
D'ailleurs, aujourd'hui je comptais me remettre au sport : un petit peu de luge.
– La luge ? C'est trop facile, il va falloir vous mettre au ski !
– Au ski ? Mais ça ne va pas la tête ? La luge est un sport plus sûr !
– Rendez-vous demain matin pour l'entraînement ! On lance l'opération « Père Noël

coincé ».

– Oh non, pas ça !

– Nous sommes désolés, mais vous ne pouvez pas prendre le risque de vous retrouver coincé dans une cheminée ! Au programme des prochains jours : corde à sauter, parcours de ski, gym aquatique en musique, tennis, randonnée à vélo et pour finir chaque journée : massage des pieds !

– Vous avez oublié le déjeuner et le petit goûter...

– Ne vous inquiétez pas ! Votre nouveau chef a plein de spécialités gourmandes et légères en calories à vous proposer : une tarte salée au coulis de courgettes, des fruits de saison comme les clémentines...

– Quelle joie ! J'ai hâte de commencer !

décembre
18

# La librairie de Marija

Dans les rues, au moment de Noël, tout scintille et brille jusque dans le ciel.
Du boulanger au cordonnier, toutes les vitrines sont décorées avec des petites saynètes de Noël.
Ce que j'aime le plus : les fontaines dont s'écoulent des guirlandes allumées.
Si ça pouvait être comme ça toute l'année !
Mes boutiques préférées : le magasin de jouets et la librairie de Marija.
Marija organise toujours plein de choses pour les enfants : des lectures, des ateliers, des dédicaces de nos histoires préférées !
D'ailleurs, je viens d'avoir une super idée, je vais de ce pas la lui annoncer.
– Bonjour, Marija.
– Bonjour, Pierre, comment vas-tu ?

– Super bien ! J'ai quelque chose à te demander pour les fêtes de fin d'année : comme tu invites toujours plein de gens pour nous lire des histoires ou dessiner, tu pourrais inviter le Père Noël !
– Euh, d'accord, mais je ne sais pas si le Père Noël est disponible en ce moment... Écoute, je vais lui proposer une séance de dédicaces.
Marija écrit au Père Noël et poste le soir même le courrier.
La lettre arrive entre les mains d'un lutin, qui court la donner au Père Noël.
– Père Noël, voici une demande assez exceptionnelle ! C'est bizarre, ça vient d'une grande personne, d'après le souhait d'un enfant prénommé Pierre...
– C'est très amusant ! Mais... j'ai une meilleure idée...

Tous les jours, je demande à Marija si elle a reçu une réponse.

– Je suis désolée, Pierre… pas encore.

Et, un après-midi, en me promenant avec maman, Marija sort de la librairie :

– Tu vas être super content, Pierre !

– Le Père Noël va venir ?

– Non, mais il a envoyé un livre avec des anecdotes amusantes sur Noël. Et ce n'est pas tout… Il s'est enregistré lui-même pour vous raconter des histoires exceptionnelles. Je n'ai plus qu'à organiser une lecture pyjama et inviter tous les enfants à venir écouter les histoires du Père Noël !

# Les rennes en grève

– Mais c'est une catastropheeeeee… crie un lutin en courant jusqu'à la maison du Père Noël.

– Père Noël, venez vite, les rennes refusent d'essayer le traîneau.

Le Père Noël enfile sa robe de chambre, son bonnet de nuit et court jusqu'aux écuries. Devant la porte d'entrée, il découvre un panneau : « Rennes en grève ».

– Que se passe-t-il, mes petits chéris ?

– Père Noël, ça ne peut pas continuer comme ça, il y a beaucoup trop de cadeaux.

– Alors pour la tournée, vous n'avez qu'à utiliser un hélicoptère ou un avion.

– Mais il n'y a pas de piste d'atterrissage sur les toits.

– Eh bien, pour le traîneau c'est pareil, ça n'existe pas !

– Mais moi, je ne sais pas piloter et, sans vous, je vais m'ennuyer.

– On ne changera pas d'avis, cette année on reste ici !

– Mais les enfants comptent sur nous ! Voyons, il y a forcément une solution, que proposez-vous ?

– On veut un jacuzzi. Une bouillote tous les soirs et des chaussons pour la nuit. Un petit manteau pour nous tenir chaud et des cache-nez parce qu'on en a marre de revenir enrhumés.

– Je vais voir ce que je peux faire, mais je ne suis pas sûr de pouvoir exaucer tous vos souhaits.

– Vous êtes le Père Noël : avec les jouets, vous faites le bonheur des enfants. Le bien-être de vos rennes est tout aussi important !

Une fois le Père Noël parti, les rennes se disent : « On a peut-être été un peu durs avec lui, il est quand même super gentil. »

Le lendemain matin, le Père Noël demande à sa femme.

– Chérie, tu as toujours ton métier à tisser ?

– Oui, il est au grenier.

Le Père Noël va le chercher et s'enferme dans son bureau.

« Si je veux que mes rennes fassent la tournée, je vais devoir les bichonner. »

Une fois les neuf manteaux tissés et cousus, il demande à la Mère Noël :

– J'ai besoin de trente-six chaussettes tricotées avec de la grosse laine et de neuf cache-nez. C'est une commande très spéciale.

– Ne t'inquiète pas, mon chéri, tes cadeaux seront prêts à temps.

En regardant les pelotes de laine défiler, le Père Noël s'endort.

Sa femme le réveille en faisant tinter neuf petits paquets.

– Allons aux écuries, je vais t'aider à les distribuer.

– Comment as-tu deviné ?

– Les lutins se faisaient du souci, ils m'ont tout raconté.

Les rennes sourient en les voyant arriver les bras chargés de cadeaux.

– Voici, mes petits chéris... Comme je vous l'avais dit, il y a toujours une solution. Enfilez vos nouveaux manteaux et allons essayer le traîneau. En rentrant, tout le monde aura sa bouillote, promis !

– Et pour le jacuzzi ?

– Ne vous inquiétez pas, j'ai mieux que ça : les lutins vous ont fabriqué une belle piscine chauffée !

décembre 20

# La chorale

« Do ré mi fa sol fa mi ré do mi sol mi do... »
Nous répétons pour notre chorale de Noël, parce que nous avons préparé un spectacle pour les parents.
Nous allons chanter : *L'as-tu vu ?, Mon beau sapin, Vive le vent, Le Petit Renne au nez rouge* et, pour terminer, la chanson numéro 1, le tube des chorales de Noël, celle qui fait rêver tous les enfants : *Petit Papa Noël*.
Les parents auront droit à une petite surprise : nous serons tous déguisés en lutins !
Toute la classe a décoré les invitations avec des cadeaux, des étoiles, des boules de Noël, des gommettes dorées et argentées...
« Venez écouter notre chorale de Noël, jeudi matin, dans le préau à côté du sapin. »
Ça y est, c'est le grand jour, j'ai le trac ! Ce n'est pas facile de chanter devant tout le monde, surtout devant les grandes personnes.
Nous sommes installés, prêts à chanter ; les papas et les mamans nous font des coucous, nous envoient des bisous quand, tout à coup, on entend une grosse voix chanter :
– *Jingle bells, jingle bells, jingle all the way...*

Et puis, plus rien. Petits et grands rigolent.

La maîtresse tape avec sa petite baguette sur son pupitre, lance la mesure et… *Jingle bells, jingle bells, jingle all the way…*

– Maîtresse, qui est en train de chanter ? demande mon copain Gustave.

– Je ne sais pas. Sûrement quelqu'un qui adore Noël.

La première chanson terminée, un gros fracas retentit, comme si toutes les casseroles de la cuisine étaient tombées. Tout le monde se dirige vers la cantine.

À part un balai renversé, il n'y a rien.

De retour dans le préau, au pied du sapin, vous n'allez pas y croire… Le Père Noël

est passé, il nous a apporté une boîte de chocolats, un nouveau ballon de basket et des histoires à écouter, avec un petit mot accroché : « J'aime les chorales et j'adore chanter ! »

Gustave dit :

– Maîtresse, je crois que c'est le Père Noël qui chantait tout à l'heure.

– Tu as certainement raison ! Alors, on le continue, ce spectacle ?

– Ouiiiiiiiiiiii !!!

À la fin des chansons, au milieu des applaudissements et des bravos, on a tous entendu tinter les grelots et... *Jingle bells, jingle bells, jingle all the way...*

Je crois que le Père Noël a adoré notre spectacle !

# En face de chez nous…

Mimi arrive dans la chambre de sa sœur et la voit à la fenêtre avec des jumelles.

– Qu'est-ce que tu fais ?

– Un truc…

– Mais quoi ?

– Regarde !

– Attends, je vois pas, je suis trop petit.

Lucille installe un tabouret pour son petit frère.

– Là, tu vois, en face, à la fenêtre de la boutique…

– Bah, quoi ?

– Le tissu rouge. C'est l'habit du Père Noël, j'en suis sûre.

– Mais c'est pas possible, le Père Noël habite au pôle Nord !

– Pffff, tu ne veux jamais me croire ! Tu verras, le soir de Noël, le tissu rouge aura disparu.

– De toute façon, on dirait la cape d'un super-héros.

– Impossible, il n'y a pas de doré !
– Bon alors, la veste d'un clown.
– Ahahah ! C'est son nez qui doit être rouge !
– MAMAAAAN, Lucille dit que le Père Noël habite en face de chez nous, et moi je lui dis que non, et elle me dit que siiiiii.
– Ohhhh, arrête de répéter !
Tous les jours, Lucille regarde si le vêtement est toujours accroché.
– Tu vois, Mimi, l'habit du Père Noël est toujours là.

– Je m'en fiche. Ce n'est pas son habit, je t'ai dit ! C'est celui d'un pompier.
– Tu dis ça parce que t'adores les camions de pompiers, gros bébé !
La veille de Noël, l'habit n'a pas disparu. On dirait que le Père Noël n'a pas commencé sa tournée. Lucille se met à douter et Mimi renchérit :
– Ah, tu vois, il est toujours là. Je t'avais bien dit que ce n'était pas à lui, c'est une combinaison de ski…

– Allez, les enfants, au lit, le Père Noël va bientôt passer, il faut vite aller se coucher…

Dans la nuit, Lucille a envie de faire pipi. Elle hésite à se lever, elle ne veut pas tomber nez à nez avec le Père Noël.

Ouf, pas de bruit, juste le ronronnement du chat. La voie est libre.

Elle fonce en direction des toilettes. En revenant, elle regarde par la fenêtre.

Han, l'habit rouge n'est plus là ! Elle court voir son petit frère.

– Mimi, réveille-toi ! Viens avec moi, et prends les jumelles.

Mimi, tout endormi, grimpe sur le tabouret, se frotte les yeux et regarde.

– Waouuuuh, Lucille, t'avais raison, l'habit a disparu, y a un petit mot à la place…

– Fais voir… Mais oui, le Père Noël est parti pour sa tournée !

Mimi et Lucille chantonnent :

– Le Père Noël habite en face de chez nous ! Le Père Noël habite en face de chez nous !

– Bon, on va rester discrets, ce sera notre secret. Allez, viens, on va au lit !

– Bonne nuit…

décembre
22

# L'invité surprise

– Mamie, ça sent drôlement bon ici.

– Je finis de préparer la bûche. Tu veux goûter un petit sablé ?

– Oh, oui ! J'adore les gâteaux de Noël !

J'installe les assiettes avec les petits Pères Noël dorés sur la belle nappe brodée, c'est la fête aujourd'hui !

– Mais, mamie, nous ne sommes pas dix, il y a une assiette en trop !

– Je sais, c'est pour l'invité surprise.

– C'est qui l'invité surprise ?

– C'est quelqu'un d'inattendu… Je laisse toujours une place libre à Noël.

Vers midi, tout le monde arrive : papa et maman, tonton Marco et sa femme avec leurs deux filles Valentine et Lily et, aussi, le frère de mamie. J'adore Noël parce qu'on est tous réunis.

Tonton Marco est en train de faire un tour de magie, quand quelqu'un sonne à la porte.

– C'est étonnant, nous n'attendons personne !

Mamie se précipite et reconnaît son voisin du dessous, monsieur Emilio.

– Bonjour, excusez-moi de vous déranger, j'ai une coupure d'électricité, et dans vingt minutes je dois animer mon émission.

– Quelle émission ?

– Sur Radio Noël, voyons ! Puis-je m'installer avec tout mon matériel ?

– Bien sûr, entrez, je vous en prie, je vais faire de la place sur le bureau.

– Mamie, dit Maxime tout bas, à mon avis, c'est lui notre invité surprise...

Casque sur les oreilles, micro branché, nous sommes en direct sur Radio Noël.

Entre deux chansons, un auditeur appelle...

– Ho, ho, ho ! Joyeux Noël, les amis !

Mais, c'est le Père Noël !

L'émission terminée, mamie invite monsieur Emilio pour le déjeuner.

Avec toutes ces surprises, on a tous passé une incroyable journée !

décembre 23

# Le cadeau oublié

Ça y est, c'est le grand jour, le Père Noël va démarrer sa tournée !
Pour que tout soit parfait, les lutins coiffent les rennes et vérifient le traîneau.
Le Père Noël dépose dans la hotte tous les cadeaux.
– Je pense que tout est prêt. Je bois un petit chocolat chaud et je file.
Soudain, un lutin arrive en courant :
– Père Noël, ne partez pas ! Vous avez oublié un cadeau.
– Mais ce n'est pas possible, je viens de les recompter !
Le Père Noël prend le cadeau, le secoue un peu et tente de deviner ce que c'est.
– Père Noël, vous avez une idée ?
– Je ne sais pas. Je ne vois qu'une seule chose à faire… on ouvre le paquet.
Les lutins sont stupéfaits.
Le Père Noël attrape le cadeau, enlève le joli nœud, décolle délicatement l'emballage, et ouvre la boîte…
Tous découvrent une baguette magique aux couleurs de l'arc-en-ciel.
– Qui a passé cette commande, Père Noël ?

– Laissez-moi réfléchir… Sami en Égypte… Non, il a commandé des rollers.
Ah, je sais, c'est Sidonie en Argentine… Ah non, elle a demandé des jumelles.
Je suis désolé, je n'arrive plus à me souvenir. On va devoir regarder dans le courrier, et éplucher toutes les listes de cette année.

Les lutins reviennent les bras chargés de cartons. Les lettres y sont rangées par ordre alphabétique.

Tous relisent attentivement les courriers.

Et tout à coup…

– J'ai trouvé !

Le Père Noël saute de joie et embrasse les lutins en gardant précieusement la lettre entre ses mains.

– Alors, qui a commandé la baguette magique, Père Noël ?

– Je vous fais une devinette : mon premier est la première lettre du mot « année ».

– Fastoche, A.

– Mon deuxième est la première lettre d'un jour attendu par tous les enfants de la planète.

– Ah, oui, le N de Noël !

– Pour la suite et fin, il faut mettre les lettres devinées dans l'autre sens.

– NA !

– Mon tout est un joli prénom qui se lit aussi bien à l'endroit qu'à l'envers.

– Père Noël, c'est Anna !

– Bravo !

– Je sais, elle habite en Papouasie, c'est moi
qui ai rangé son courrier.

– Je vais vérifier son adresse
de cheminée et, zou,
c'est parti pour la tournée !

# Attention, décollage

Cette année, je passe Noël dans l'avion ! Je suis sûre que je vais voir le Père Noël pendant sa distribution. À l'embarquement, une hôtesse avec un bonnet de Père Noël sur la tête nous accueille, ma famille et moi.

– Bonsoir, bienvenue à bord !

– Bonsoir. Vous pensez que, si je regarde par le hublot, je vais voir le Père Noël dans le ciel avec son traîneau et ses rennes ?

– Tu sais, le Père Noël est très malin, il se débrouille toujours pour ne pas être vu.

Je m'installe à la meilleure place pour bien observer le ciel : celle à côté du hublot ! Cette nuit, c'est décidé, le Père Noël ne pourra pas m'échapper !

– Ho, ho, ho ! Mesdames et messieurs, ici votre commandant de bord ! Nous sommes très heureux de passer le réveillon en votre compagnie. Nous vous souhaitons un agréable voyage.

– Maman, je ne vois ni cheminée, ni sapin dans l'avion. Tu crois que le Père Noël va nous apporter des cadeaux ?

– Ma chérie, le Père Noël n'oublie personne, c'est promis.

– Mesdames et messieurs, attachez vos ceintures, préparez-vous au décollage !

Et c'est parti…

Pour le dîner, on nous sert des petits plateaux-repas, et en dessert, MIAM, une bûche au chocolat.

Entre deux bouchées, je regarde le ciel, mais il ne fait pas encore assez noir.

À mon avis, le Père Noël n'a pas commencé sa tournée.

Quand j'ai fini de manger, la nuit est tombée, c'est sûr, je ne vais pas le rater !

– Excusez-moi, il va falloir baisser le rideau du hublot, car le soleil risque de vous réveiller très tôt.

– Mais, comment vais-je faire pour surveiller le Père Noël ?

– Tu aimerais aller dans le cockpit pour en discuter avec le pilote ? propose une hôtesse.

Et me voilà dans l'allée, au milieu des passagers à moitié endormis.

Arrivée dans le cockpit, je suis comme dans un vaisseau spatial !
– Bonsoir, comment tu t'appelles ?
– Fanny. Et le Père Noël, vous l'avez déjà vu ?
– Non, nous n'avons jamais eu cette chance. Tu sais, nous sommes trop occupés à piloter l'avion, mais on adorerait le voir aussi !
Je scrute le ciel le plus longtemps possible, mais je sens que mes yeux se ferment.
Tout à coup, le commandant me dit :
– Regarde, Fanny, là ! Je pense que c'est le Père Noël avec son traîneau.
Au loin, je vois une lumière rouge qui clignote se déplacer dans le ciel.
– Vous avez raison ! C'est sûrement Rodolphe, le renne au nez rouge…
Le commandant prend son micro et fait une annonce :
– Ho, ho, ho ! Mesdames et messieurs, ici votre commandant de bord : je crois que le Père Noël est passé… Joyeux Noël !
Tous les passagers se réveillent avec des visages émerveillés.
Pendant qu'ils dormaient… Le Père Noël a déposé sur chaque tablette… un petit paquet !

Achevé d'imprimer par Rotolito
en Roumanie en mai 2023
Dépôt légal : octobre 2023
N° d'édition : 23L0191

PEFC
PEFC/46-31-13
Certifié PEFC
Ce produit est issu de forêts gérées durablement et de sources contrôlées
www.pefc.ro

24
23
22
21